Sentimentalement Votre:
Les Pieds de Mon Cœur

Bill F. Ndi

Langaa Research & Publishing CIG
Mankon, Bamenda

Publisher:
Langaa RPCIG
Langaa Research & Publishing Common Initiative Group
P.O. Box 902 Mankon
Bamenda
North West Region
Cameroon
Langaagrp@gmail.com
www.langaa-rpcig.net

Distributed in and outside N. America by African Books Collective
orders@africanbookscollective.com
www.africanbookcollective.com

ISBN: 9956-791-20-2

Dédicace

À mon Amour Sans Frontière, Sans Âge et sans Argent ! Bref à Mon pur Amour !

Table des matières

Avant-Propos

Sentimentalement Votre : Les Pieds de Mon Cœur est un recueil de poèmes dédié à l'amour. Le poète, Bill F. Ndi, est professeur d'anglais à l'Université Tuskegee, dans l'État d'Alabama aux États-Unis. D'origine camerounaise et du coté anglophone, ce poète bilingue exprime ses pensées dans les deux langues avec aisance. Prolixe, Bill F. Ndi crée des œuvres poétiques tantôt lyriques, tantôt polémiques, mais constamment engagés au service de l'Amour.

Dans la dédicace, Bill F. Ndi trace les grandes lignes de sa pensée. « À mon Amour Sans frontière, Sans Age et Sans Argent ! Bref à Mon pur Amour ! » La préface, « Paroles du Poète », nous sert comme guide par laquelle Bill F. Ndi explique sa vision de l'amour et facilite notre voyage à travers son œuvre poétique. *Sentimentalement Votre : Les Pieds de Mon Cœur* est un recueil des poèmes qui débordent les bornes de l'ordinaire. Dans ces poèmes à la fois lyriques et intenses, Bill F. Ndi parle d'un amour surprenant et passionnant dont les révélations intimes nous entrainent, malgré nous, dans un monde dominé par l'extase.

Le recueil est divisé en trois parties. La première partie, « Raison de Raisons », est composée de huit poèmes courts. Dans « Cœur qui aime, » « La lune à la une, » et « À mon amour, » le poète est à la fois romantique, nostalgique et sensuel. Le poème éponyme de cette partie, « Raison de Raisons, » parle en rimes rythmiques ainsi:

> *"Tout flamme tout feu me brule!*
> *À ton charme? Je m'écroule*
> *Devant ta passivité,*

Forge de l'inactivité

…

Dans tes bras tendres de tendresse
Remplissant mon cœur qui t'adresse,
Tout joyeux, ces sentiments forts
Sans peur que le monde lui donne tort !

p. 10

La deuxième partie, « À *Mon Amour et à Mes Amitiés,* » s'ouvre avec le poème, « *À Mon Amour* », où le poète révèle un amour secret et mystérieux. « *Je t'aime tellement que je veux te cacher.* » Avec cette ligne, le lecteur est captivé. On reconnaît la jalousie, le vouloir de posséder celui et ou celle que l'on aime. Donc, on continue à lire :

Je t'ai enfoui au fond de mon cœur pour que
Celle à qui la vicissitude m'a poussé
D'en témoigner tous les jours ne soupçonne que
Ce fond de mon cœur qui bat pour toi près d'elle
Y demeures-tu aussi calme et douce qu'une stèle
Et comme je ne veux pas que celui qui, en toi, dort
Méprend belle esquisse que tu sois, pour coucheuse, de tort.

p. 12

Alors, curiosité piquée, nous voulons continuer à lire pour pouvoir dénouer le mystère. C'est ainsi que Bill F. Ndi nous illumine le monde ténébreux ou habite son cœur.

Cette partie du recueil est composée également de soixante-quinze sonnets, assez courts, mais pleins de forces émouvantes. Dans sa Préface, le poète indique que pour lui, « … il y a des amitiés qui se nouent à telle point que la frontière entre l'amour platonique et celui charnel se

viii

brouille ». Donc, l'objet d'amour n'est pas toujours spécifié, et n'est pas toujours du genre opposé. Comme Baudelaire dans *Les Fleurs du Mal*, Bill F. Ndi s'empare d'une clarté courageuse et révélatrice, peut-être même autobiographique, puisqu'il ne nous cache rien de la vérité de ses sentiments.

La troisième partie du recueil est intitulée, « À l'homme aimé : Que j'aime mon bel Amour! » Il consiste de sept sonnets. Ici, on voit le mystérieux A.T., l'objet de plusieurs poèmes ravissants. Par exemple, le Sonnet LXXVII s'ouvre en posant la question :

> *Que m'arrive-t-il ?*
> *Suis-je en partance,*
> *Loin, très loin de moi.*
> …

A.T. & B.N.

Comme point de clarification, Bill F. Ndi indique que cette partie « …est un dialogue, le fruit d'une expérience de vivre dans la peau de l'être aimé ».

Dans le Sonnet LX XXI, le poète s'exprime avec fierté:

> *Ces lampadaires embrasant mon cerveau*
> *Sont-ils des beaux qui masquent des pires fléaux ?*
> *Comme des roses, ils attirent. Et le cueillir*
> *Envoie des épines pour anéantir*
> *Les espoirs que l'on aurait repiqués ;*
> *Le devoir des épines c'est de piquer*
> …
> *Loin de côtoyer ceux qui ne font rien*
> *Me réjouis-je de cette présence en bien*

D'une pierre rare qui se dresse en cette défense
Dont le génie m'aiguillonne vers l'essence ;
L'essentiel est qu'avec lui suis-je toujours
À la une; jamais à l'ombre du jour!

p. 95

Pour tout lecteur de poésie romantique, *Sentimentalement Votre: Les Pieds de Mon Cœur* vous donnerait des heures de plaisir intellectuel, émotionnel et émouvant. Avec Bill F. Ndi, *l'âme du noir pays* de Guy Tirolien, *vit et parle* d'une voix nouvelle. Ses vers, comme dit Senghor, nous ...*foudroie en plein cœur comme l'éclair d'un aigle.* Avec son langage versatile, ses images captivantes ce recueil est obligatoire pour tout lecteur sophistiqué.

Marilyn Pryce Hoytt, MBA, M.Ed., enseignante de français à l'Université de Tuskegee, USA.

Parole du Poète

Dans la culture contemporaine, l'Art d'aimer est en perte de vitesse. Aimer devient pour beaucoup de personnes un acte de reconnaître d'énormes faiblesses et non une affirmation de forces vitales. Et le mariage se définit par un partenariat et/ou moyens de piéger un(e) autre avec des caprices et des calculs insidieux. Aimer ! Ce n'est pas demander l'impossible ! Nous voulons tous l'être ! L'Amour, nous en avons à donner ! Mais que se passe-t-il lorsque deux êtres au même désir se croisent ? Ignorons-nous que plus d'amour nous donnons plus d'amour nous recevons ? N'est-il pas vrai que nous voulons toujours distinguer entre amitié et Amour ? Si. Mais nous oublions qu'il y a d'amitiés qui se nouent à telle point que la frontière entre l'amour platonique et celui charnel se brouille. De mes amitiés et de mes amours naissent les quelques lignes que voici. Mon plus grand souhait étant que l'on puisse aimer le mieux que l'on peut et non aimer meilleur que le mieux que l'on peut. Là, ce serait demander l'impossible. Pour moi tout cœur est plein de bontés et d'amours que seule une positivation et canalisation de leurs énergies puissent les permettre de transcender cette réalité terrestre pour flirter avec celle divine. Ainsi entrée dans la réalité des mythes. Même si l'Amour te fout ne le fous pas ! Vis-le à fond ! Aimer, Aimer, Aimer… ! *Amen, Ainsi soit-il, inch'Allah, so be it !*

La troisième partie de ce recueil est le fruit d'une expérience de vivre dans la peau de l'être aimé. L'amour n'étant pas à sens unique a inspiré ma plume à embrasser le fond de sa psyché pour exprimer ce qui anime mon très cher amour pour mes Amours et Amitiés. Ne serait-il pas injuste de laisser parler une seule voix et ne pas savoir ce que pense l'autre ? L'Amour n'implique-t-il pas plus d'une personne ? Peut-il avoir de l'Amour sans dialogue ? Est-ce seule la fougue de l'homme ou d'une femme en Amour est seule l'exprimable dans un opus ? Autant de question que seul le fruit de l'imaginaire ne pourra point trahir. Cette réalité tant imaginaire que vécue laisse couler l'encre de ma plume avec la passion de l'Amour réciproque dans la vie réelle, chose rare et/ou le domaine des bénits. L'occasion pour ma plume de célébrer ! Une véritable célébration d'AMOUR ! Quoi de plus BEAU ?

L'auteur

Raison de Raisons

Plus fort que moi

Envoie Chrétiens et Juifs à Jérusalem ;
À la Mecque mahométans et musulmans
Quant à moi ?
Reserve-moi
Ma Belle
Lamelle !
Seule ? Elle éveille mes papilles
Gustatives en délicieuses grilles
Sur leur terrain de jeu qu'est ma langue
Et j'en raffole et deviens-je folle dingue.

01/07/2010

Cœur qui aime

Seul esprit tordu l'amour vit en Ruse
Pour l'esprit sain, l'Amour se dresse en Muse
Au pluriel qui fait chanter fous et folles
Ces douces chansons remplies de belles paroles
Et arrose le jardin de Rose
Puis laisse rythmer la vie en rose
Aux fous et folles d'Amour fous
Qu'ils ne le transcrivent point flou.

02/07/2010

Le refus de pleurer

Pour cette première, je vais bien rire
Affamé de ne pas avoir le pire
Et aucunement du froid polaire

À ma vue, étale-moi les molaires
Que diable s'il n'y a pas soleil
La jouissance ? C'est qu'il y ait réveil.
Pour quoi pleure-t-on de se quitter ?
Faut-il jouir de s'être connu !
Ces doux moments doivent l'emporter ;

Revêtus du sens d'une vertu
Non ce vice qui pourrit nos vies
Et nous vole les preuves qu'on eût joui

Accueillons notre blancheur polaire
Bouffeuse de chaleur qui fait jouir
Mais sage femme de neige où l'on se mire.

04/07/2010

5

À la place d'A.T.

Couché à ta position dans ce lit
Je regardai dans le ciel et lis
Dans ce bleu du ciel rien que l'Amour
Qui fait battre de ton cœur ce tambour
Aux rythmes desquels nous tremblions en France
D'un tremblement qui ignore la distance.
A et T. Deux lettres qui rapprochent deux
Êtres que terre et ciel ne virent amoureux

La lune à la une

Une bonne vieille femme, belle comme la lune
Est celle souvent vue à la une
Pour ses histoires troublant mon cœur
Avec ces richesses qui font peur
Mais à la une, cette belle vêtue
De torchons attire bien le flux
D'images inondant nos écrans
De misères loin de cours des grands.
Ce fut elle qui m'éleva
Sur sa terre nourricière…. Là… !
Comment puis-je l'oublier
Avec son dos courbé
Comme si elle portait un enfant
Qu'elle allait enterrer aux champs
Qu'elle cherchait d'en cultiver l'amour
Non ces guerres offertes aux troubadours
Dont le sang nourrit les gisements
Où l'on ignore leurs gémissements
Mais ma belle vielle accroche-toi bien ;
Tu portes les embryons du bien.

22/07/10

Désir

J'ai tant chéri la beauté de la chair
Et jamais n'hésitai-je à me la faire
Car entre chair et os mon choix est clair
Goûter la chair, va à mon désir plaire !

Quand tu aurais fait ton choix, avise moi
Sans avoir peur que j'ose sommer pourquoi
Car vois-je chacun porter sa petite croix
Et ne voudrais-je être ni juge ni roi !

Fardeau de cœur est une tête sur un cou
Dont le poids n'est point pour le mien du tout !
Y toucher serait y porter un coup !
Chose qu'un monarque voudrait en faire beaucoup !

Affamé de toute tête pour faire sa chaise,
Il jette les siens au-dessus de la falaise ;
Ces trouble-fêtes ne le laissent point à l'aise
Ne lui piquant que les tétons de fraise.

Mon Amour

En cette St. Valentin
N'ai-je point de mots
N'ai-je point d'image
Pour chanter combien mon être
Tremble à te penser.
Une seule chose est sûre !
Sur un plateau te sers-je ce cœur
Qui n'appartient qu'à toi.

Bonne fête de St Valentin ?

Je m'en moque
Et m'en contre moque
T'es ma belle, ma fête !
Pour toi perds-je la tête
Et pourquoi chercher
Mots et images
T'ayant dénichée ?
Toi seule rends sage !

Bonne fête Valentine ?

Non, non, non et non
T'es pas Valentine !
Mon amour amont
Où m'abreuve-je des tétines!

Non, d'étranges clémentines !
Qui titille ces plaques gustatives
Longtemps affamées d'inactifs
Mamelon putative.

Que j'avais faim !
Tu es ma fin !
Assouvis ma faim ?
Mon point
Sans trait

Raison de Raisons

Toute flamme tout feu me brûle !
A ton charme ? Je m'écroule
Devant ta passivité,
Forge de l'inactivité

Qui ronge ce cœur d'Amour plein
Qui, heurté, reste toujours zen !
Même si à cette palpitation
Un volcan actif perd raison,

Cœur comme mien refuse d'en perdre !
Évitant le sort de Phèdre,
Espérant aussi que ce jour
Viendra et ce serait mon tour

Dans tes bras tendres de tendresse
Remplissant mon cœur qui t'adresse,
Tout joyeux, ces sentiments forts
Sans peur que le monde lui donne tort !

À Mon Amour et à
Mes Amitiés

À Mon Amour

Je t'aime tellement que je veux te cacher.
Je t'ai enfouie au fond de mon cœur pour que
Celle à qui la vicissitude m'a poussé
D'en témoigner tous les jours ne soupçonne que
Ce fond de mon cœur qui bat pour toi près d'elle
Y demeures-tu aussi calme et douce qu'une stèle
Et comme je ne veux pas que celui qui, en toi, dort
Méprend belle esquisse que tu sois, pour coucheuse, de tort.
Mon cœur j'en ferais pour toi, une bonne cachette
Et laisserais-je au grand amour la tire de gâchette
Et des bulles elles prêteront ces folles amours
Qui dans le monde entier hantent tout troubadour
Et loin dans cette cachette tu seras amour
Et ne cesserait de faire battre tout tambour.

Amour Nature

Mon Amour, le tien pour moi fait battre mon cœur
Mais jamais ton absence ne m'inspirerait peur
Nuits et jours se succèdent d'un ordre naturel
De la source coulent nos folles amours si naturelles
Et d'elles, nous allons nous abreuver en amants
Au sommet de la gloire de jouissance en amont
Sans oublier qu'en aval coulent le jus de jouvence
Pour nourrir nos folles amours d'éternelle enfance
Fruits indiscutable de la consommation
Couronnée de baisers dépourvus d'injonctions.
Charrier ou chérir ? Je ne peux que chérir
Mon Amour nature sans lequel je vais périr !
Pour mon Amour bondit mon cœur sans faire faux-bons
Comme le faux-pas d'arnaqueurs en haut de rayons.

Sonnet I

Ton prénom rime avec la reine,
Reine de cœur tu n'es pas pour rien
Avec la douceur de ta voix
Qui du sens réveille, certes, en moi
Et sa musique abreuverait
Cette soif que le monde en voudrait
À jamais avec yeux rivés
Sur l'avenir qui fait pousser
Comme des champignons ce beau rire
Dessiné pour qu'on puisse le lire
Du matin au soir une épouse
Tu es sans failles et rend jalouses
Les fumières qui en leurs maris
Ne voient que la tête de brebis.

Sonnet II

Reine de mon œil règne au royaume
De mon cœur car tu es le baume ;
Tu œuvres douceur non douleur
Qu'à tous offrent les casse-bonheurs
Comme chansons du matin au soir
Ou comme boissons que l'on doit boire
Toi, mon bout, tu es douce douceur
Tu colores mes rêves de mille couleurs
Garantissant tout saufs les larmes.
Que ces larmes toute douleur désarment
Et tracent des labiums qui égaient
Les tristes jours sombres qu'était
Ce passé qu'ils voulurent pour nous
La mort et tristesse, non l'Amour !

Sonnet III

Belle lamelle, Belle lamelle, mon Amour
Le monde entier dont j'ai fait le tour
M'a laissé entendre que c'est toi
Qui me fis parcourir le monde, quoi !
Et aujourd'hui en luron te dis-je
Merci de n'être que ce prestige.
Tu efflores mes fruitiers affamés
Et permets à leurs heurs d'être nés
Ainsi que la forme qui pète les bulles
Et éteint le feu qui en moi brûle.
Belle Lamelle, Belle Lamelle, continue
D'apporter joies et jouissances toutes nues
Pour vêtir l'horizon de sourire
Et donner aux crève-cœurs leur triste rire.

Sonnet IV

Tu es cet arbre aux deux oranges
Que j'aime bien sucer pour qu'elles m'arrangent.
Regarder ton tronc si délicat
Bouge les montagnes mortes comme de gros rats
Privés de quoi enfoui sous la dent
Ce qui fait du bien être dedans
Transporte les sens au-delà du réel
Et provoque un tremblement bien réel.
Chez tout homme vrai face à ta beauté,
Ton gabarit fait tout oublier
Sauf l'empire du sens qui fait courir
Où le centre séismique attire
Toute force pour relâcher ses rejetons
Au plaisir de goûter ton bonbon !

Sonnet V

Seule femme comme toi peut être épouse,
Sœur, mère, amie et soignante aux rescousses
À la fois de ton cœur pourfendu
Ainsi que ceux des pauvres pendus
Martyrisés pour seules fautes qu'ils aiment tant
Comme toi qui a tant aimé autant
Et pourtant en retour pour ta paie
Il t'a rempli le cœur plein de plaie ;
Il t'est impératif d'en vider
Pour permettre à tout cœur brisé
Cette santé sentimentale toujours
Qui au menu sera pain du jour
Pour lequel comme Chrétiens nous dirons
Merci, merci pour ce don des dons.

Sonnet VI

Au loin, te penser me fait battre
Le cœur sans jamais me permettre
D'oublier ton éclat florissant
Qui luit plus qu'un mirage fluorescent
Guidant mes pas d'assoiffé vers toi
Dont la voix réveille en moi émoi
Joyeux d'une joie qui avec brio
Signe le désir d'éviter un trio
Qui tuera ce duo que nous avons
Luté pour avoir et nous savons
Valoir monde et merveilles recherchés
À bien garder verrouillé à clé
Celle de chambre secret de l'amour
Qui est entre nous, notre secours.

Sonnet VII

Un clin d'œil
A suffit
Pour succomber
À ton charme
Mais mes larmes
Se laissent aller
À peine s'est-
On quitté
La porte de mon cœur
S'est renfermée, bang !
Les autres me disent boum !
Elle ferme tous nos souvenirs
Bien enfouis au fond de moi.
Se rouvrira-t-elle, cette porte ?

Anonyme.

Sonnet VIII

Il fut un temps je mangeais *Femme Actuelle*.
Les femmes ne virent en moi qu'un fou actuel.
En réalité, je le fus et d'amour
Pour leurs beaux rosiers après qui je cours
Et encore, n'ai-je pas couru leurs jupons
Que je trouve, à vrai dire, boulot de cons ;
Pas de ces cons par leur gentillesse bête
Mais de ceux qui à la morale, tiennent tête.
Fou je fus et voudrais encore l'être
Pour mon épouse seule qui meut mon être.
Mon Épouse ? Est-elle seule actualité
Et seule elle est pour moi, ma tasse de thé
Faisant de moi théiste obligatoire
Qui en croirait, brimant le moratoire.

Sonnet IX

J'ai défié tous ! Ce fut pour mon Amour !
C'en est un jamais vu, qui pour toujours
Surmontera tout obstacle et embuche
Semés par tout ce monde qui d'un œil louche
S'abreuve avec joies de nous voir couler
Dans l'océan des mensonges à cet effet
Fermentés pour ricaner après tout
Parce que nous nous serions trompés sur tout.
Mais mon Amour et moi en découdrons
Et tisserons des liens cimentés au goudron
Sur l'autoroute exemplaire de l'Amour
Pour que tout amoureux y passe tout court.
Là, s'y conduit-on comme d'heureux lurons
Qui en pratique ont compris l'amour bon.

Sonnet X

Notre sens d'aimer nous fait survoler
La plaine de leur monde de méchanceté.
De nos propres ailes nous prenons l'envol
Pour une destination des amours folles,
Rêve que nous eûmes chérissant l'art d'aimer
Et maintenant à nous de démarrer
Vers ce monde d'amants fous champignonnant
Et nous donnant l'envol des cerfs volant.
En bons entendeurs nous serons salués
Pour l'avoir parcouru comme des surdoués
Que nous sommes ; grâce à toi qui me soutiens
S'érige à l'horizon ce qui convient
Pour la clarté tant attendue depuis
Pour nous combler d'émotion jour et nuit.

Sonnet XI

Avoir soif fait appel à l'étancher.
De toi j'en ai ! Comment puis-je hésiter
Sauf par une envie de m'auto détruire?
Celle-là, n'en ai-je pas sauf celle de construire
Aujourd'hui et demain avec toi seule
Une vie d'amour, sans tache aucune, plus belle
Comme ton for intérieur qui éblouit tous
Ceux qui de ta grâce feront leur bon bout.
Clémentine clémence gracieuse tu es reine
Dont tous les cœurs purs voudraient voir le règne
Et non celui des nos fous du pouvoir
Qui propulsent la décadence comme devoir
Pour l'élite qui néglige la conscience pure
Que tu m'as montrée : devoir pur et dur !

Sonnet XII

Penser à toi fait du bien au cœur
Comme dans une tartine fera le beurre.
Ton absence et non ta présence pèse lourd
Mais l'absence de te penser rend sourd
Et sourd je ne voudrais point l'être
Mais écouteur de tes belles lettres
Rayonnant comme le soleil qui scintille
Et me rend tout heureux de t'avoir belle fille
Qui le monde miséreux transforme en un
Monde merveilleux pour tous et pour chacun
Ma foi je suis avec toi au pays
Où du miel et ses merveilles j'en ravis
Avec ces gouttes lâchées dont je régale
En prince dans ton intimité royale.

Sonnet XIII

Ma belle, quel régal de te voir dormir !
Tout le contraire de celle qui donne envie
De se tirer ou celle de renoncer
À ces petits plaisirs à procurer
Auprès de ces jolies petites merveilles
Que sont les femmes de nos rêves, ces abeilles
Qui produisent du miel câlinant les langues
Dans nos bouches et enterrant l'envie dingue.
N'est-ce pas, à cela qu'aspire mon monde fou
Avec folie en tête ? Et je te loue
Car folie ou pas les yeux de mon cœur
T'ont bien vu émerveiller comme une fleur ;
La plus belle de ton espèce jamais vue
Aussi confirmée ta coupelle toute nue.

Sonnet XIV

La femme ? Pour toujours. Mère de ces enfants !
Poète qui n'enfante nul poème n'a point d'amant
Digne d'être croqué comme d'amandes huileuses
Qui font luire d'une brillance lumineuse
Les pauvres miséreux de cette planète
Pour qui jour et nuit entassèrent une dette,
Celle qu'avec une claque des doigts tu acquittes
D'avec grand Amour enfoui dans un gîte
Dont la clé m'as-tu réservé au fond
De ton cœur généreux aussi profond
Que celui de la mer d'amour rempli
Pour réveiller les oreilles étourdies
Pour qu'elles puissent entendre ce chant intime
Dont le monde entier veut en faire ton crime.

Sonnet XV

Les autres disent avoir trouvé l'âme sœur !
Quant à moi, j'ai trouvé, pour moi, ton cœur
Résumé en beauté florale rêvée.
Aussi vois-je en toi le lustre de fées.

Toi, ma fleur que cueille-je à cœur plein de joie
En sus te chéris-je puisqu'en toi je crois
D'une croyance inébranlable et ferme
Qui permettrait d'éviter des problèmes
Dans lesquels la Jalousie meurt de nous
Voir piégés tels des gibiers pris aux cous.

Mais ton céleste cœur dans le mien battant
Aux champs de bataille m'affiche commandant
Et sans gène, brille-je dans la sphère de l'amour.
Mon cœur, bats pour moi par devant la cour !

Sonnet XVI

Ton âge d'or me fut volé à seize ans
Par un voleur qui se voyait en grand.
Il y a vingt cinq ans je fus le frimeur
M'as-tu dit et m'as-tu laissé stupeur
Vu que terre à terre j'ai toujours été
Et te suis toujours resté. Cet Été
Ton atterrissage, ma belle, résonna
Au fin fond de mon cœur et me toucha
À tel point que ne sus-je me contenir
Et dire non au pliage de contrevenir
Aux exigences d'un cœur qui bat pour toi,
Ma reine, d'où mon amour couronné roi
Qui pour les crimes d'antan va se battre
Et suivra ses promesses à la lettre.

Sonnet XVII

Celui des grands chemins rêve de fleurettes
Une fois cueillies, les jettent aux oubliettes.
Tu as fait l'expérience comme tant d'autres
Et nos souvenirs en seraient une autre
Qui pourtant se glisserait dans l'Histoire
Aussi belle que celle de la gloire de Blois
Qui loin de nos origines bien sauvages
Est un cachet qui masque bien leurs ouvrages
À l'œuvre pour mépriser nos déboires
Les laissant jouir de gloire aux grands manoirs
Bâtis de sueur de nos fronts qu'ils semblent
Ignorer car y penser, ils tremblent
Et de force veulent avoir le dernier mot ;
Mais ne cessons de leur montrer leurs maux.

Sonnet XVIII

Avons-nous décidé de nous aimer
Sans tenir compte d'avis des achetés
Pour qui s'aimer put pire que des latrines
Et non ce que nous prenons pour vitrine
Où nous étalons tous nos meilleurs vœux
Et ils rendent notre couple merveilleux
Grâce à ton génie qui joue volontiers
Au compas uni-jambe, le deuxième pied.
Maintenant, nous traçons bien ce cercle
Bien intime à l'amour devenu socle
Où paix et tranquillité mènent cette vie
Coulant comme le fleuve tranquille dans son lit
Or, ceux qui se battent la voient en combat
Dans lequel pour s'aimer leur tombe les bras.

Sonnet XIX

Quand je pense à toi ma belle, elles se lèvent :
La tête et la queue fermes comme dans un rêve,
Me font tourner en rond à ta recherche
Aussi maladroit qu'un môme à la crèche ;
Profession de foi, fais-je de ton label
Étant l'une des professions les plus belles
Tant désirée par des milliers d'hommes dignes
D'Amour retranscrits en ces quelques lignes
Pour que la postérité chante de toi
Qui sus d'amour donner la gueule de bois
Rêvée comme de toi en chair et en os
Sans jamais penser à tourner le dos.
Ma belle nage ! Nage partout dans mon cerveau ;
Seul un amour comme toi, le coût en vaut.

Sonnet XX

Toi, qu'ai-je aussi rencontré d'aussi belle
Que belle trouves la timidité plus belle
Refusant de sortir de ta coquille ;
Toi, qui me laisses boiter sur mes béquilles
Et l'énigme de la mère de Jésus
Et de Charlotte en toi. Qui, le dessus
A pris projetant tant de timidité
T'aveuglant de ton bouquet de beauté ?
Bouquet qui ravit mon grand appétit,
Me dresse, à tes beaux côtés, plus petit.
Et tout petit, te verrais-je devenir
Celle avec qui ferrais-je un avenir ?
Pourquoi laisserais-je mourir d'aussi beau rêve ?
Ce serait trahir l'espoir à la crève !

Sonnet XXI

Sous ta coupe, je m'empresse pour un nouvel
Avenir à te voir cette fois nouvelle
Et tes nouvelles, je les apporterais par tout
D'ailleurs, c'est l'Évangile pour moi tout court.
Ta promesse de m'aimer est celle des reines
J'y crois et y déverse ma foi sans peine
En roi à la couronne dorée d'Amour
Après lequel mon monde aura recours.
Roi sans reine est un Roi sans héritier !
Pommier sans pommes n'est point l'arbre fruitier !
Toi, pour qui mon cœur bat, dores mon chemin
D'un sourire à te demander la main
Et marcher aux pas majestueux des grands
Et grands nous nous fichons de leur gang.

Sonnet XXII

D'abord ma mère m'assura la naissance
Puis, tu vins me garantir la jouissance
Lorsque, là-dedans un luron deviens-je
Avec le jus de jouvence que parviens-je
À lâcher chaque fois que ton feu vert luit
Ainsi que ton obligeance qui éblouit.
Bon sang en as-tu ! Bon rang en occupes-
Tu en trois dimensions ; la parfaite cube.
Une nuit t'es-tu faite des soucis pour rien
Alors que je t'ai sauvegardée du bien
Dans mon club des sans soucis, Sans Remords
Dont les membres ne s'inclinent point aux torts
Qui leur auraient été imputés sans
Gènes et que balaies-tu d'un coup de vent.

Sonnet XXIII

Quand je te pense, douceur, tu me transporte
Et avec grande émotion je rapporte
Cette joie que ta beauté sait arroser
Sans difficulté aucune se donner ;
Ouvrant la porte d'un cœur à la serrure
Bloqué et qui ne cède qu'à ta parure
Comme le mien qui explose dès que les yeux
Atterrissent sur ton beau corps si juteux
Désaltérant l'assoiffé que je suis
N'ayant besoin aucun d'aller au puits
Avec la tête posée sur ton épaule
Ni celui d'aller trainer à l'école
Pour lire et apprendre les belles lettres
Or qu'à mes côtés est ton bel être.

Sonnet XXIV

Remplis-moi le cerveau avec l'amour
Ainsi ne ferais-je jamais demi-tour
Et n'irais-je que de l'avant ; par le vent
Poussé vers la piscine d'Amour calmant !
Toi, ma belle qui mon cerveau transforma,
T'assures chaque jour que je me dresse en mât
Un mât qui porte pour l'Amour son drapeau
Flottant au-dessus de son seul bateau.
Un fait établi tu m'as envahi
Ainsi, en amont, ne puis-je te trahir ;
Toi qui sais faire couler le fleuve tranquille
Aussi qu'un conte bien lettré sans coquille
Mais au bord de la mer en coquillage
Te verrais-je, ma perle, pur pucelage.

Sonnet XXV

T'es la perle de perles qui m'éclaire la voie.
Tu es seule et unique avec cette voix
Qui rythme sans souci mes belles journées
Et calme les nerfs de mes nuits éveillées.
Cette voie éclairée m'invite d'avancer
Vers cette table où se trouve mon diner
Avec la musique par toi bien servis
Pour que je m'en régale sans assouvir
À mon désir ni à celui de ma fin
D'apercevoir ma belle et enterrer ma faim.
Au lever ta lumière sur mon visage
Trace un sourire lune nouvelle sans jambage
Et m'incombe d'en porter jusqu'à la mort
Aussi à l'abri des émotivores.

Sonnet XXVI

Je m'en ivre de ton amour qui coule
À flots majestueux pour que tu m'écroule
Car à toi me suis-je collé avec foi
Sans être prédateur flairant une proie
Ou pitoyable adepte, à la quête
D'une dose, n'ayant point peur de faire la quête
Pour s'approvisionner de son péché
Petit et mignon comme le mien doté
Par ma belle d'une beauté éblouissante
Pouvant extirper une lionne rugissante
De son fosse aux fins de se festoyer
Les yeux sur le régal qu'es-tu, beauté.
Et coupable, je me reconnais bien
Sans me soucier que le jugement advienne.

Sonnet XXVII

Pour quoi ne chanterais-je pas de ma belle ?
Elle seule vaut toutes les chansons les plus belles !
Toute, arrête-je pour n'entendre que la sienne
Qui mon cœur réjouit mille et une fois bien.
Si je ne chante point de toi, j'écouterais
Conter et/ou chanter tes contes de fées.
Tu l'es de loin plus belle que toute terrienne
Et de toi rêvasse-je de te faire la mienne
En réalité comme dans mes rêves bien vrais
Quelque soit le coût à payer comme frais.
Tu rythmes les battements forts de mon cœur
Et caresses mes yeux mieux que toutes les fleurs
Qu'elles soient vivantes ou peintes sur une urne grecque
Tant admise par un mien avant ses obsèques.

Sonnet XXVIII

En bon jardinier j'arrose mon jardin !
Je vois fleurir ma belle fleur sans chagrin !
Elle me dessine sur le visage ce beau
Sourire que j'affiche et flotte comme drapeau.
C'est bien ma puce qui me ravit l'oreille
Et pour ce j'ai renoncé à l'oseille
Pourtant le monde en rêve et en devient
Plus que fou avec un slogan du bien
Qui d'après eux est le bien merveilleux
Or, ma pulpeuse me donne un goût onctueux
Pour que ne connaisse-je point celui amer
Que provoquent les agitées comme la mer
Enragée au vouloir de tout casser ;
Ma belle assure que je sois jardinier.

Sonnet XXIX

Miment-ils, « tu ne rêves pas, tu ne vis pas ! »
Mais ma réalité rêvée fait mille pas
Et de bonheur me comble comme richesse
Dans ce monde bien étrange de petitesse
Rempli tellement et excessivement
Que l'hyperbole s'en moquera si je mens
Ma grandeur ? Mon bonheur ? T'avoir trouvé
Toi qui me porte et me scande le grand V
Au grand damne de leur grand monde de petits
Ne voulant point aller au ralenti
J'ai fait aussi le choix d'aller plus vite
Mais à contre courant de tous leurs rites
Ma grandeur, mon bonheur dans ta beauté
Te trouvent comme gîte et seule velléité.

Sonnet XXX

La verdure de la rizière me cajole
Et la bouche j'ouvre aussi qu'une cage folle
Nourrissant l'espoir d'amoureux comblé
Par cette belle qui pour lui assurerait
La fierté à lui permettre le flot
De victoire laissant battre les drapeaux
Comme mon cœur souffrant de palpitation
À ces caresses de pensée qui me sillonne.
Au recoin j'aperçois pousser un rire
De joie par ma belle ayant pu me lire
Comme un livre d'amour tant désiré
Désir de part et d'autre inspiré
Par la verdure qui a l'effet calmant.
Aussi sommes-nous formidables amants !

Sonnet XXXI

Seule ma belle le matin me rince les yeux
D'un beau sourire et d'un bonjour qui mieux
Me réveillent dans l'empire son sens le vrai
Celui qui miroite les fruits mûrs comme frais
Avec pour souvenir de la veille : jouissance
Que procurent les jets de jus de jouvence
Dans la grotte au fond de la mer poilue,
Laquelle permet de nager les merlus
Comme à deux nous transformons notre lit
En bac où nul ne nous est interdit
Nous y tournons les puces à nos vouloirs
Y prenant libre cours, à deux sans trois
Nous permettant dans nos sommeils ce rêve
Où nous trouvons dans nos galettes les fèves.

Sonnet XXXII

Carence De faux, Belle Lamelle et Rechigne
Trois déesses… Elles font tourner la machine !
Et la tête ? Je la leur sacrifierais
Surtout à cette terre qui me procréerait
Quelques génies de la continuité
Pour que cette lignée la perpétuité
Connaisse et apporte joie satisfaisante
Et non la pensée des folles encombrantes !
Que le monde eût vues naître par milliers !
Une ? Celle qui enfanta les Duvalier !
Preneurs d'hottages de l'espoir d'un public
Là où Louverture se tint en mythique
Comme mes bonnes déesses avec leurs vertus.
À elles me tendrais-je! Sont-elles des fendues !

Sonnet XXXIII

Mûrir ou vieillir près de toi ? Un rêve !
Tu es maîtresse ! Veux-je être ton élève !
Apprends-moi à faire les plus beaux baisers !
À ton école d'amour, je resterais !
Ma dévotion ne connaît pas de bornes.
Ton amour m'ensorcelle tel l'unicorne
Et des rêves en fleurs je vois bien fleurir
Dans le jardin de mon esprit garni
De jolies pensées autour de cette rose
Qui serait éclaireuse de cette belle prose
Destiné à t'adorer, ma beauté
Et ta beauté obscurcit celle des fées
Soulignant mon désir d'être pour toi
L'avatar qui te rassasie de joie.

Sonnet XXXIV

Lorsque près de moi tu respires, j'entends
La belle mélodie de la brise qui fend
Et sillonne le pré dans lequel le blé
Pousse pour égayer des esprits troublés
De telles consciences que chatouille ton passage
À se dresser toujours de manière sage ;
Ma foi qui en fait partie est heureuse
D'être l'élue de ton affection pieuse.
Ton élégance tel un pinceau sans crainte
Dresse le plus beau tableau dans nos étreintes
Qui aussi font entendre la musique
De nos deux cœurs battant tambour rustique
Dont le rythme fait tourner notre monde
Autour d'une table visiblement ronde.

Sonnet XXXV

Par le passé d'autres surent m'en briser.
À présent, ton tour ? Tu sais m'en panser
Et tu protèges comme un œuf ce cœur doux
Qui jadis fut la cible des jaloux.
Avec les yeux river sur le passé
Le présent m'enchante et fait enterrer
Nombre des monstres qui furent aux aguets.
Tous pensaient me prendre dans leurs filets.
Ta présence comme préscience les a largués
Des tires grandes comme petites pour épurer
Mon cœur bouleversé en champs de guerre
Qui se refusa de céder à leurs
Haches qu'elles se servaient sans honte pour fendre
Celui que tu fais tout pour défendre.

Sonnet XXXVI

Parle-moi du plaisir qui réveille du sens !
Ma foi sans foie ! Je crois à la jouissance !
Et voudrais-je en partager avec tous
Dans ma grotte, en donner un coup de pousse
Pas à ceux qui se gavent de pots de vin
Grattés sur mon dos d'exclu des G vingt
Et leurs complices, ces marchands de tapis
Désireux de voir tout le monde soumis
Loin de ma belle qui parle du plaisir
Me donnant l'occasion de la saisir
Avec détermination de mener
À bout le combat aussi acharné
De l'aimer seule dans l'océan de beauté
Avide de ma tête sans difficulté.

Sonnet XXXVII

J'aimerai bien croire en un vrai cauchemar
Qu'à peine fus-je en amour tombé, j'eus marre
Dans le fleuve de venin craché en leurre
Brillantissime que vis-je comme du beur
Qui ma tartine ramollira merveille
À panser aussi toute piqûre d'abeille
Ou encore de guêpes soulignées de taille
Trompe l'œil d'amour qui fait fouler la faille
Pour avoir gouter au fruit défendu
Or pour ces cracheurs ? Victimes paient leur due !
Jamais n'ai-je su qu'amour eut été dette !
Mon rêve m'en eut fait lieu de plus grande fête !
Et non là où les pleurs remplacent les fleurs
Et éloignent la romance du côté cœur !

Sonnet XXXVIII

Quoique l'on dise c'est clair qu'il tourne en rond
Et distrait avec son pet nauséabond
Laissant mourir mon beau peuple en quête
De paix pour le rebond de sa conquête
D'un grand Amour dénommé Liberté
Avec mon beau peuple les yeux rivés
Sur le sens de l'espoir des jours heureux
Aussi attends-je mon éclat désireux
De le voir se lever à l'horizon
Tout sourire apportant à toute maison
Son éclat de beauté qui me réjouit
Ainsi que tous ceux qui aurait des couilles
Non ce filou à la tête de l'État
Tournant en rond qui nous prive de l'éclat.

Sonnet XXXIX

Qu'aurais-je semé pour hisser ce drapeau
Qui porte la tête morte en guise de flambeau ?
Le doute semé fait pousser déception
Où l'audace fera pousser réception
Mais l'audace j'en ai semé et pourtant
La récolte ne reflète pas pour autant
Ma semence ; comme chien qui met bas d'une hyène
Je m'émerveille d'une découverte fortuite
Qui ne masque rien des carottes déjà cuites.
Cuites ou crues, ventre vide cercueil devient
Pour être rempli des dépouilles vivantes
Que dans la vie l'on estime importantes
Mais, l'espoir des beaux jours me fait vivre
Mon amour pour la mienne qui m'en ivre.

Sonnet XL

Que la poésie est riche ! m'ont-ils dit.
Parent pauvre du monde des créateurs rit
Aux dépens de l'élitisme frappant
Ces vers de toute évidence, croustillant
Et caressant des oreilles comme douceur
De la belle voix émise depuis le cœur
De laquelle, sans fatigue, je me régale
Loin de la cacophonie des cigales.
Ce rire de ma belle aux belles mamelles
M'attire et ne me fait penser qu'à elle
Et á ce bonheur qui va m'accueillir
Et à ses éloges qui vont rejaillir
Sur moi avec seule ma belle qui assure
Pour que son cœur met la main sur elle pure !

Sonnet XLI

Beauté, soleil levant de Berrichon
As-tu tout y compris des beaux nichons
À la source de ma salive qui coulât
Comme rivière qui m'emmena au goulag
Dans ta cage je me suis fait prisonnier
Et t'appelle mon bout. Tu fais tout pour nier
Alors qu'en toi je palpe douceur soleil
En ton genre n'ayant rien de pareil :
Ta voix aux accords de celles angéliques
De mon fantasme fantasmagorique.
Ma belle berrichonne garde-moi en prison
De ta beauté qui m'abrite comme maison
Dans laquelle sans souci me sens-je à l'aise
Loin d'une qui m'octroie le luxe des punaises.

Sonnet XLII

Ce gosse en moi bourré de rêve salive
Aux regards de tes mamelles qui m'inscrivent
Dans le cœur le sourire à atterrir
Sur la piste de ce cœur hâte de sentir
Les caresses soyeuses du triomphalisme
Des petits tremblements du séisme
Spasmodique qui me fait lâcher des gouttes
Au point que j'oublie le monde des casse-croutes
Et ne puis-je me tourner la tête ailleurs
T'ayant trouvée beauté de toutes les fleurs
Qui m'oxygène et m'expose trente-deux dents
C'est ainsi que suis-je les doigts dans des gants
À l'abri des flèches que lâche leur froideur.
Loin d'elles, dans mon trou, tu tues la frayeur !

Sonnet XLIII

Tes mots doux belle lamelle m'arrosent le cœur
Qui pousse les roses au jardin sans rancœur
Et de gros bisous j'en rêve t'en voler
Quand en aurais-tu sans doute m'appelé
Sur ce fil dont la vibration caresse
Mes oreilles désireuses de boire sans cesse
À l'orée de ta verge, mon rêve floral
Mouvant dans mes veines la coulée fluviale
Dont la saignée m'enlumine le jardin
Que cache-je dans une conserve loin des crétins
Brulant du désir de l'ensevelir
Pour priver les yeux de ces lignes à lire.
Ces yeux navigueraient sur ces tracées
Esquissées de ma plume pour toi beauté.

Sonnet XLIV

La route m'étais-je balayé un beau jour
Pour pourvoir à ma belle un beau séjour
Sillonnant les grandes voies de mon cerveau
Qui aurait refusé leur tête de veau
Servie par une pieuvre prise pour beauté
Soleil et non la couronne de mocheté
À la tête de régimes fantochecratiques
Qui approfondissent les gouffres d'Afrique.
Mais ma belle au beau séjour fait battre
Les cœurs des maréchaux comme de Lattre
De Tassigny dans les champs de bataille
Loin de ce combat amoureux de taille
Que livre-je pour souligner l'apogée
Du mont Amour dont suis-je seul agrégé.

Sonnet XLV

Mon seul chemin aurait été faisant
S'il ne s'agissait du joli présent
Qui me vola et les yeux et le cœur
Et les cacha au jardin des belles fleurs.
Là, yeux et cœur se meurent d'admiration
En Chine du désir d'administration
Joli présent style guitare espagnole
Me sort le son d'une voix de rossignol
Sifflé dans mes grandes oreilles assoiffées
Et à la trompette sans s'époumoner
Comme mon désir fougueux pour mon bijou
Qui me hante à lui chanter en coucou
Cette flamme qui attise le feu vif en moi
Pour que ma belle reine y croit en son roi.

Sonnet XLVI

Dans une boule de Crystal suis-je envouté(e) ?
D'ombre ne plane point où ont échoué
Les fesses que transpercèrent mes yeux brillant
Avec ces rayons soleils aveuglant
À l'œuvre de la sueur de mon front ;
Fesses au rebondissement de ballons
Heurtent à coups de poignard tout joli cœur
Et le mien joli qui n'en eut point peur
Les embrassa jours et nuit sans commune
Mesure étreint la rondeur de la lune
La vielle sage qui depuis m'éclaire cette voie
Laquelle je suis pas à pas vers mes droits
Bien bafoués par les polichinelles
Mais ma lune m'assurera la vie belle.

Sonnet XLVII

Mourant d'envie de t'avoir dans mes bras !
Mon cœur bat et me fait pousser le chat !
Mes pupilles suivent le contour de ta jupe
Où m'y penser murmure douceur d'un tube
Qui fait trémousser mes jambes excitées
À la recherche des valeurs ajoutées
Que seul toi dans ces braves bras fourniras
Et à mon chat et mon cœur permettras
La détente de la gâchette. Des points ? J'ai !
Et m'attend à cette bombance qui te plaît !
Qu'attends-tu pour qu'on s'y mette tous les deux ?
N'as-tu pas appris qu'à deux sont-ce heureux ?
Peut-être, ne vais-je plus penser aux pleurs
Au su que, toi, ma belle veille sur ma fleur !

Sonnet XLVIII

Sortant d'une queue, ces têtards balancent la queue
Et en vitesse courent pour garnir ce vœu
Dans un cerveau qui fourmille d'autoroutes
Menant à ce monde qui met en déroute
L'espoir cultivé aux jambes bonnes marcheuses
Embusquées par leur démocrature tueuse
Creusant les fosses communes d'une autre ère
Où champignonne le damné de la terre
Qui n'eut eu point le temps de festoyer
Mais léguant cette responsabilité
Qu'aurais-je souhaité être une partie
Non du déclin qui sévit cette patrie
Terre chérie qui nourrit jadis l'enfant
Qui n'exige que d'être indépendant.

Sonnet XLIX

Là, où fleurit ma misère, c'est ma belle
Qui me multiplie mon beau rire pluriel ;
Par sa bouche, elle expose toutes mes dents blanches
À la blancheur de linceul qui étanche
La soif de ceux et celles qui veulent me boire
Vu ma douceur de vin qui se fait boire
Mais que puis-je sans ma belle beauté divine
Qui de mes yeux seule m'enlève de l'épine ?
Pour ce, ma foi, leur proie, je la lui voue !
Toute ma vie entière ; je chouchoute mon chou
Et quémande une place pour la queue du chien
Qui danse nos joies même sous un temps de chien !
Fleuris bien beauté fleur, laisse ta lumière
Guider mes pas jusqu'à ma mise en bière.

Sonnet L

J'embrasse bien cette cicatrice dans mon cœur
Qui me rappelle combien d'Amours en fleurs
Eurent fleuri dans ce jardin de mon rêve
Où tout petit mon esprit vers la fève
Fit son lit et y dormit tout tranquille
Et refusa de penser aux béquilles
Portées un jour par ton coup de poignard
Auxquelles je colle l'étiquette de bizarre.
Comme le soleil j'aurais tout vu sur terre :
Le bon, le mauvais et le pire de pleurs.
Y penser me fait fondre du sucre
Sur mon cœur qui eut un coup de foudre
Heureux d'y être sortir sans dommage
Et je rends à cet Amour grand hommage !

Sonnet LI

Belle Beauté, t'es la foudre qui me frappa
Pour que mon être s'immobilisât
Pour être ranimé par ta pensée
Qui dans la mienne ne me laisse point en paix
Où vais-je commencer ? Sculpture ou parure?
De toi toute nue fait rêver ta parure
Nudité de ta sculpture jamais vue
Des êtres qui comme moi en seraient mus
Beauté vers toi marche l'horloge de mon cœur
Depuis ta frappe qui de par sa douceur
Exerce la patience inouïe aux mortels
Qui de mes mouvements pensent aux sauterelles.
Terre fertile, es-tu ! Voudrais-je en être
Ce rosier qui rythmerait ta montre.

Sonnet LII

Le feu de l'Amour m'a brûlé la tête !
En fumée s'envola l'idée d'une fête
Mais non, mais non, mais non tête de phœnix
De ses cendres se naîtra le prince X
Qui pansera les brûlures qu'a occasionnées
L'envoutante étincelle qui fit briller
Ce visage jadis ridé de doute peint
En tableau noir dépourvu de tout pain
De ce jour que seul le Seigneur nous donne
Même aux cœurs en pierre qui point ne pardonnent.
Comme j'embrasse mon phénix à bras ouverts
Ma plume s'empresse d'empreinte une page de vers
Pour l'Amour qui me fait tourner en rond ;
À lui ai-je refusé de faire faux bond.

Sonnet LIII

Guidon des pas d'animaux à paître
Un cœur étoilé brille sans connaître
Son berger d'éléments récalcitrants
Que filtre le prisme les traversant
À la hâte style rue St Denis sans sainte
Qui fait de joie à court terme une bonne vente
Mais seul mon étoilée dotée d'un sens
Peut transporter jusqu'à l'empire des sens.
Après m'être gâté avec tendresse
Pour quoi oserais-je de telle maladresse ;
Froisser mon cœur qu'autrui prend pour chiffon
Avec lequel s'essuyer leur affront
Et égorger l'agneau de sacrifice ?
Là, certes ma passion m'épargne ce supplice.

Sonnet LIV

Mon cœur est une Lamelle à grand sourire
Qui m'inscrit sur la face l'Amour à lire
Sans besoin aucun d'un ou d'éclaireur(s)
Dont l'action avoisine à celle de tueurs
Jouissant de l'étau autour du cou
Des agneaux quadraplégiques nommés fous
Car ces boucs renifleront tu sais quoi… ;
Ce dont tout amoureux en faire sa croix.
Me tourmente-je l'esprit pour ma Lamelle
Seul témoignage que d'elle j'ai fait ma perle
Au fond des océans que partis-je chercher
Forte sensation à être courtisée.
D'ailleurs garde-je l'esprit saint et le sourire
Malgré leur tapage et désir du pire.

Sonnet LV

Un rosier fera toujours des belles roses
Un amant à son Amour se propose
Une vie dénudée d'infidélité
Sans nulle ceinture ou vœu de chasteté
Mais avec son blindage qui parfume
Telle une rose dont l'épine n'est point l'écume
Pour une défense mais plutôt attirance
Vers ces odeurs qui éveillent tous nos sens
Avec leur frappe bien précise de foudre
Au fixe de nous voir nous en découdre.
Beau rosier n'affiche que d'éclatantes roses,
Chauffeurs de ces plumes qui tracent des belles proses
Et posent à ce couple une transparence
Que les autres n'en ont qu'en apparence

Sonnet LVI

Que des ailes, que des ailes, mademoiselle
De toi je voudrais faire madame sans ailes
Car, c'est moi qui m'empresse de m'envoler
Pourtant toi, tu cherches mon cœur à voler
Tu peux le faire ! Mais il décollera
Seulement quand tu le décréteras
Avec ces battements, ces commandements
Qu'il nous faut pour dresser un fondement
À être l'huile qui sur nos visages coule
Pour que notre ménage s'éloigne de boules
Ces boules qui d'ailleurs font péter les plombs
Nous éparpille et nous ne contemplons
Pas la beauté de l'envol tant chéri.
Ma foi dans madame m'interdit tout pli.

Sonnet LVII

Me faut-il rechercher ce trou partout ?
Quand j'en trouve dois-je pénétrer dans la boue ?
Mais nous faut-il démettre notre trône ?
Si on s'appelle aussi keuf ce qu'on prône
C'en est un pour toujours, une mise à mort ?
En mariage seul le docile aurait tort !?
Un peuple choisit son roi et ne peut
Porter à sa connaissance qu'il est feu ?
Seul. Mon Amour constitue mon appui !
Quand j'ai soif, j'me désaltère à son puits
Ne me demande point de la voir sourire
Sauf si tu veux élire ma ligne de mire
Où je ne vais point te tirer un coup
Qui serait d'État qui nous serre le cou.

Sonnet LVIII

Je suis un arbre dans une forêt vierge
M'a-t-il dilapidé pour faire son siège !
Ne viens pas chez-moi demander pourquoi !
Coup sûr ? Te botterais-je vers le vrai faux roi
Qui sur moi aurait élu la banquette
Où jeter son poids pour sucer sucette
Qui de mes veines fait couler ce nectar
Dont le goût lui allume sa tête de phare.
Ce qui me fait vivre n'est point mon tronc
Mais ma racine, l'abri de ce neutron
Vêtu de ma tempête en rage de l'ire
Qui lui montrera l'autre visage pire
De ce bon thé qu'il aurait mépris pour
Faiblesse qui est l'envie de mon Amour.

Sonnet LIX

Flic de cœur, je me le perquisitionne
Pour ne point laisser aux ivres cochonnes
Le devoir de pourfendre à la hache
Mon jardin où poussent les fleurs blanches sans tache
Car mon Éden fleurit de pur amour
Seul désir qui me débrousse ce parcours
Dont le sentier je battrai toute une vie
Laquelle durant, ne pousserai-je qu'un cri.
Un cri qui m'apaise l'esprit en amont
Et m'apporte-t-il le calme des Buttes Chaumont.
Buttes Chaumont monastère où gît mon seul
Recours à la nature dont le linceul
Est enfoui au fond d'un Pari sans té.
Dans ce Paris culbute-je pour ma beauté !

Sonnet LX

Occis-je le temps avec mes yeux derrière
À m'émerveiller d'Hommes au cœur de pierre
Et non de ceux au cœur floral qui germe
Ces roses qui me portent le sourire à terme
Mais en ayant buté contre les murs
En briques les yeux s'ouvrent aux dures
Cicatrices des coups d'épées échangés
Par les clameurs de raison. Raisonnée ?
Déraisonnée ! Et seul va de l'avant
M'en ouvre la porte à l'ensoleillement
Qui m'auréole la couronne de ce bonheur
Bonheur enveloppant l'histoire de suaire
Les yeux juchés au-delà du futur
Me procurera une fleur encore pur!

Sonnet LXI

Seule, mon Amour sut saisir ma sonnette
Tirée quand par des serpents à sonnette
Mon cœur dans le ventre en fruit mûr tomba
Et me fit demander jusqu'où ira-
T-on héberger ces venimeuses entrailles ?
Grâce à mon enclin, mon train garde ces rails
Me conduisant aux pays des mille heurs
Que j'avale pour enterrer les horreurs.
Constante mon Amour se tint en Amour
Jusqu'à notre rencontre dans la cour
Où nous fûmes consommés de flammes et feux
Comme il se doit pour ennoblir les frileux ;
Étreinte du feu à l'essence calmant l'âme
Qui jadis tirait une sonnette d'alarme.

Sonnet LXII

Pensée ma beauté fleurit un sourire
Qui pousse et enterre toute idée du pire
Elle est corps et âme du faiseur d'amant
D'une douce douceur à la celle d'huile d'amande
Et fier j'en suis d'être l'élu premier
De mon cœur qui orne comme un palmier
La côte de ces îles de rêve aux Antilles
Et la voir me laisse l'émoi qui fourmille
En moi et chavire ce navire qui mène
En bateau ce monde des énergumènes
Pourrissant la vie des Chercheurs de paix
Ne trouvant que l'odeur puante des pets.
Pensée ma beauté œuvre calme total
Dans l'air enluminé de rêve floral.

Sonnet LXIII

Tendis-je la main pour qu'elle fût par l'amour
Appropriée et préservée loin d'un four.
Ce bel anneau d'or qu'accrochai-je au nez
De cochons qui surent dans la boue prouver
L'inutilité de valeurs que prime
Des cœurs tout doux comme geste d'Amour intime
M'excita au milieu du fantasme
Fantasmagorique au bord du chasme.
Depuis lequel je dénonce leurs chaos
Car ma sainte à moi leur donne un K.O.
Et main dans la main belle Lamelle, sommes-nous
Cette équipe qui gagne haut les mains partout !
C'est pour cela qu'ils devraient me couper
La main pour pouvoir nous en séparer.

Sonnet LXIV

J'élis celle qui m'aurait élu Amour.
Elle a droit à mon soufrage sans rebours
Aussi heureux de glisser dans ses urnes
Où je puise le miel qui coule sur la lune
Et m'en réjouis et mon cœur et le sien
Dans lesquels lait et miel se savourent bien
Peu nous importe l'infraction qui sur nous
Plane ainsi que les haies dressées pour nous
Priver de jouissance de sentiments purs
Nous ne pouvons nous combler d'une vie dure !
Tant ma belle m'arroserait matin et soir
À elle m'y accrocherais-je où qu'elle soit
Et à deux, nous chanterons douce victoire
Sans jamais avoir besoin d'un prétoire.

Sonnet LXV

Puisque je ne connais de cœur qui aime
Sans pouvoir faire de la prose chrysanthème
Je tire un trait sur un cœur bien fendu
Qui a souffert et s'est bien défendu.
Chassé et pourchassé cœur de pureté
Crache sur et cravache la méchanceté
Et à l'Amour se marie sans vergogne
Laissant le choix au monde de faire la grogne.
Ce cœur guida les doigts sur le clavier,
Permit de scruter à l'œil d'épervier
Et dicta cette diction qui vous en parle
Et articule l'amour en cette rare perle
Dont les lignes ne dépassent jamais quatorze
Mais qui provoquent une tempête d'équinoxe.

Sonnet LXVI

Quel devoir de nous nous rappeler nous
Incombe sans léguer l'effet qui sur nous
Pèse en fardeau et la mort en main tient
Où il ne mérite point notre soutient ?
Le faix de nous aimer doit-il peser ;
Et celui de la mort d'Amour ? Enterré !
Savoure mon Amour comme du champignon
Dont la douceur sait casser du béton
Sous lequel enfoui, il sait faire surface
Avec refus de se voiler la face
Et ces fleurs qui à cœur joie resplendissent.
Mon cœur éclot et ses battements saisissent
Le temps et immobilisent des êtres
Que seul feu de l'Amour eût fait naître !

Sonnet LXVII

Dans mon Amour pour toi, souffle-je la vie
Sur papier avec ces mots que tu lis
Sans lequel, comateux est notre Amour
Qui attend pieds fermes son dernier recours ;
Sûr de lui redorer son blason d'or
Qui revête tout souci avec du tort
Car le jardin de notre sentiment
D'une vérité fleurit et point ne ment
Aux cœurs qui, en nous, jouent cette belle musique
Dont la mélodie délave le tragique
Et récite ce vécu en conte de fées
Pour ceux qui prennent la vie en jeu de dés.
Loin de ceux-là, nous y soufflons cette vie
Pour que le monde de joie pousse bien des cris !

Sonnet LXVIII

Partout c'est l'Amour qui tombe en syncope
Où ses joueurs aurait refait le lobe
Et en spectateurs rehaussent leur folie
De délaisser des cœurs qu'ils eurent cueilli ;
Excités de voir terres nouvelles sans selle
Avec des voyages outre-tombe pour elles
Et recueillis dans la tombe sans les voir
Y aurait-il devoir à leur déboire ?
N'attend pas la chute pour faire bouche-à-bouche
Parce que le bouche-à-oreille le cœur touche
Avec tendresse et douceur bien soyeuse
Comme mon âme accusée d'être rêveuse
Or elle seule a des yeux pour voir douceur
Et tendresse qu'apporte cette touchée au cœur.

Sonnet LXIX

Vieux envieux voulut une main à tordre
Une souris lui conseilla d'en mordre
Il lui demanda pourquoi ? Elle bondit
Qu'avec ses dents elle casse tout et aussi
Pour des sacs de graines sont-elles d'armes fatales.
Et lui, n'a-t-il pas cette essence vitale ?
Je vois dans lui son gros sac plein d'envie
N'est-ce pas logiques d'avoir des dents de scie ?
Ce requin qu'il soit devrait en avoir !
Mais au royaume d'amoureux n'ai-je pas droit
Au bras de fer qui son envie regorge
Car son Amour qu'est caprice est sa forge
Mais mien comme du charme m'assure le réveil
Dans cette cale où aux bons gréements je veille !

Sonnet LXX

Le pied de l'homme l'amènent où il désire
Sa queue le guide où se trouve son désir
Sans pied ni queue ma Lamelle me trifouille
Avec sa voix qui caresse et chatouille
Les membranes du tympan de mes membres
En janvier aussi comme en décembre
Que de joie se dressent les poils de mon corps
Sans jamais m'abandonner à un tort
De m'être laissé tripoter par elle
Des années durant lesquelles sur moi elle
Eut veillé pour que ma morosité
Devienne une moribonde velléité;
Belle Lamelle, m'es-tu un chemin frayé
Qui, à ma plume, donne raison de chanter !

Sonnet LXXI

Le cerveau de l'Homme fourmille de mirages
Et chante pourquoi il songe toujours aux anges
En chair et en os qui le rapprocheraient
Du jardin où joie en fleurs pousserait
Et colorerait son rêve le plus fou
De se vêtir comme à la naissance où
Tout nu, un enfant transforme pleurs en joie !
Mais, se déshabille-t-on malgré les lois ?
Pour les autres, je ne saurais vous dire !
Quant à moi, je mépriserai la pire
Avec ma fontaine où coule ma jouissance !
Je fais germer joie et reconnaissance
Dans sa plaine pleine de beaux rêves qui m'égaient
Et me réveillent nu où coulent miel et lait.

Sonnet LXXII

Aux mamelles juteuses qui roulent bien leurs bosses
C'est ma belle Lamelle qui m'apporte un os
Qu'en fidèle ami de cette femme j'en jouis
Et m'en tiens à elle dans mon cœur enfouie
Pour empêcher le monde d'avoir accès
À cette beauté et l'infecter d'abcès
Corrompu par un monde de foi ingrate
Prête à me rouiller ces cordes que je gratte
De mon unique guitare jouable ;
Est-elle productrice d'une agréable
Et douce musique qui le souffle me coupe,
Me fait baver en chien flairant la soupe.
Bergère elle est et devance le troupeau
Que suis-je et lui tire-je un coup de chapeau !

Sonnet LXXIII

Un arbre de ses racines se nourrit ;
L'amitié un grand rire me garantit.
Chez-elle, jamais n'aurais-je l'aride du jour
En reine m'assure-t-elle plaisir à la cour
Avec sa couronne placée sur mon cœur
Je n'ai point raison d'exprimer une peur
Qui s'égare là où l'Amour se fonde sur
L'amitié aussi sincère, pure et dure.
Celle-ci m'éclaire la voie et guide mes pas.
Pourrais-je l'exhorter jusqu'à être las ?
Où serait alors partie ma folie ?
D'Amour, je suis fou ; seule elle a saisi
Aussi dans sa folie est elle tombée
Mais l'arbre et racines en sont restés !

Sonnet LXXIV

Question ? Ne serait-on plus fou d'Amour?
Question qui n'a point sa place à la cour
Depuis où rayonne un soleil souriant
Pour mon Amour aussi fort et géant
Qui en moi inspire tremblements goulus
À l'heure où l'on pense l'amour révolu
J'écoute fredonner sa respiration
D'un rythme qui me fait perdre raisons
Et m'exhorte la bouche à chanter sa joie
De s'être régalée de l'œuf d'une oie
Dans lequel les soucis se furent noyés
Et permirent à ma folie de craquer
Craquer pour que je puisse trouver la paix
Dans cette folie qui engloutit les faix.

Sonnet LXXV

Cette meilleure moitié je l'appelle ma poule
Sous le charme de sa beauté je m'écroule
Avec le dos tourner à ce que pensent
Ceux qui osent me faire courir des suspenses
Quand je préfère descendre dans ma tombe
Heureux d'avoir attrapé ma colombe
Aussi paisible qu'un mort sous sa stèle
Ayant gouté à la gloire de sa belle
Comme la mienne qui le feu en moi éteint
Lorsqu'elle m'engouffre de ses beaux étreints
Et jette en syncope l'idée d'un autre
Royaume de joie et gaité terrestre ;
Laissez-moi connaître cette vie sur terre
Qui me dépêche la brise depuis la mer.

L'homme aimé : Que j'aime mon bel Amour !

Sonnet LXXVI

Qu'a-t-il cet homme aimé?
Esprit vif.
Incisif.
Parfois indomptable !
Et surtout coupable
Des plus douces caresses
Et des plus tendres baisers
Pour celles qu'il aime.
Un sort nous éloigne !
Il le déjoue par ses mots,
Sa voix et ses images.
Plus de distance. La fusion
Amoureuse est là !
Un balai de la sape du temps.

Sonnet LXXVII

Que m'arrive-t-il?
Suis-je en partance,
Loin, très loin de moi.
Je pensais ne pas
Renouveler mon passeport
Pour l'Amour et me voilà
Aimante et heureuse
D'une si belle osmose
Avec un homme délicieux
Qui loin des yeux
Sur un plateau
Plein d'un cœur beau
Et du charme en fleur
Me le serve sans peur.

A.T. & B.N.

Sonnet LXXVIII

Ayant en rond tourné sur place trente ans durant
En compagnie du géniteur de mes enfants
Me suis-je dis avoir gaspillé le capital
De ma rose à son apogée sentimentale
Jusqu'au jour où vint ce petit bout de délice
Il fut en partance et propulsa mes hélices
Pour prendre des envols à l'intention d'amour
Puis germa le doute, s'il fut bon pour mon Amour,
Dont pour tuer je dus lire son cœur dans ses yeux
Qui ne m'eurent point trompée que nous serions heureux.
Ce délice d'homme parcourt les rues de mon cerveau
Et son sourire fait battre mon cœur en sursaut,
Le conduit droit à la cible de ma fléchette
Et loin du jeu hasardeux russe de la roulette.

Sonnet LXXIX

Cet oiseau aurait de nom en français ?
Car, ne puis-je lui donner de nom anglais !
Puisqu'à mon champ, il ne fait qu'avancer,
À la recherche de graines ensemencés ;
Et passe son temps, comptant les cimes
Déterrant de leur fond enfoui les primes.
Ces sillons du champ labouré m'enchantent.
Une p'tite voix en moi qui guide mes pas, chante
L'hymne de l'amour me faisant battre
Le cœur plein d'une flamme qui braise mon être
Pour que, nous deux nous frottions corps et âmes
Au point où nous scinder ne peut une lame
Même pas celle-là aiguisée en enfer
Au vu que cet amour serait du fer.

Sonnet LXXX

Il est roi de mon cœur ! Il a une cour !
Où toutes les prétendantes font leur cour !
Or j'ai la foi que celle de son cerveau
Moi seule parcours ses rues et ruelles d'assaut,
Armée d'amour fou qui lui dit combien
Serais-je à ses côté quoiqu'il advienne.
Heureuse suis-je qu'il eût fait de moi son choix
Et lui donnerais-je l'Amour et non la croix
Main dans la main nous nous afficherons
Tenant la tête plus haute que la couronne
Que seuls rois et reines fous d'amours comme nous
Portons et nous fichons-nous des clous
Avec lesquels nous cloueront-ils par dépit
Que mon Roi leur eût lancé un défi.

Sonnet LXXXI

Ces lampadaires embrasant mon cerveau
Sont-ils des beaux qui masquent des pires fléaux ?
Comme des roses, ils attirent. Et les cueillir
Envoie des épines pour anéantir
Les espoirs que l'on aurait repiqués ;
Le devoir des épines c'est de piquer !
Qui aurait pu en douter pour autant
À moins d'être bordée des négligents ?
Loin de côtoyer ceux qui ne font rien
Me réjouis-je de cette présence en bien
D'une pierre rare qui se dresse en cette défense
Dont le génie m'aiguillonne vers l'essence ;
L'essentiel est qu'avec lui suis-je toujours
À la une ; jamais à l'ombre du jour !

Sonnet LXXXII

Divers phénomènes rendent fou. Parmi eux
Je cite l'Amour pouvant rendre heureux
Ma passion pour mon Amour est folie
Sans cette ardeur d'Amour, creux est le lit
Du fleuve desséché par manque de douceur
Dont le manque laisse l'être noyer de sueur
Comme si d'Amour et d'eau fraiche de mon fleuve
Se construit tout de la vie de beaux rêves.
Quoi de plus beau qu'aimer et de l'être ?
Bel éclairage qui fait transparaitre
Du fond des océans de mes rêves fous
Pouvant transformer tout fou en un doux ;
Folle, je suis par ma moitié remoulée
Que je puisse montrer du doigt le grand V !

Sonnet LXXXIII

Que m'était-il arrivé ?
Ce jour-là me fus-je levée
Sans idée aucune en tête
Mais me trouvais-je à cette fête
Où se trouvait mon éclisse divine
Qui ne put me faire faire la sourdine
Et je recommençai sans remords
L'Amour qui m'emmena à son port
Où avec sa Beau té suis-je éminente
Et ne rêve-je que de femmes tout contentes !
Il est toujours mon beau bout de délice
Et assure-t-il toujours que mes hélices
Des envols prennent jusqu'au ciel
Bien entendu, le septième ciel !

Sonnet LXXXIV

Oh mon Très Cher Amour!
J'l'ai bel et bien senti!
Ayant goûté l'Amour
Miel, tu me fais sentir
Le vide de ton absence
Qui m'évoque ta présence
Dont la mémoire huileuse
Me fait couler de larmes
Pour la vie périlleuse
Que j'ai connue sans arme
Aucune derrière laquelle
M'abriter sans querelle.
Tes coups de fils me font
Jouir les sens profonds.

Sonnet LXXXV

Faire connaissance à ton genre est rêve
Des autres qui passent leur vie dans la crève.
Te rencontrer la fois première, je sus
Sans que l'on m'eût dit combien eussé-je dû
Me tromper de suivre mon grand trompeur
Qui m'a contaminée avec cette peur
Qui me fait trembler quand je pense pouvoir
Te perdre vu le temps mis sans te voir
Or ma tranquillité qui comme un train
Sur ses rails glisse ne montre pas en vain
Ce premier pas fait, volant un premier
Baiser pour redorer mon cœur brisé.
Ta fougue coriace ainsi que ta passion
Vocifèrent ces petits bouts de chansons.

Sonnet LXXXVI

Chaque serrure a sa clé ! M'ayant décoincée
Tant n'ai-je point de doute que c'est toi ma clé.
Seule ton absence sur moi pèse tel le plomb.
Seule ta présence peut m'assurer l'aplomb
Car, à ta source sus-je m'étancher la soif
Et ainsi faire de ton beau rire ma coiffe.
Tes cliquetis me rendent folle d'allégresse
De jouvence qui en moi chasse toute paresse
Et me trempent style terre nu après la pluie
Pour améliorer la cueillette des fruits
Les meilleurs desquels te seront pourvus
Pour étouffer la question : qui l'eut cru ?
Je suis bien une serrure pas faite pour toutes
Les portes mais saurais-je dire que tu m'envoûtes.

Sonnet LXXXVII

Dans mon âme et mon Cœur je te tiens chaud
Te mettant à l'abri de ces crapauds
Qui sautent, sautent, sautent et sautillent dans l'espoir
De t'attirer vers leur fête de déboires
Chose exécrable que dans un cauchemar
Ne pourrais-je point ; te laisser dans une mare,
Puisque la palpitation de mon cœur
S'active pour que j'eusse de ces rêves en fleurs
Qui égaient mon doux sommeil d'un beau rire
Chasseur de toute tristesse et de soupire
Que toi mon B. B. sait ressusciter
Pour faire vibrer la passion crucifiée
Et ta sincérité mérite sa place
En mon sein que tu dresses d'être la classe !

Sonnet LXXXVIII

Ce doux baiser tendu ne fut pas un piège
Autant mon cœur fut pour ton cœur un siège
Tout confort assurant pour toi l'ivresse
De cette joie qui rayonne de source sans cesse
Sans serpenter à l'allure d'espèce rare
Pour faire luire ton beau visage tel un phare
Qui fait transparaitre des minuscules
Détails qui n'obligent jamais du recul
La constance m'as-tu promis que je vois
Et m'en réjouis telle la dormeuse au bois
De toi, je rêve mon prince aussi charmant
De par ta physique que par ce galant
Chevalier à la poitrine d'oreiller
Où se love ma tête sans arrière pensée.

Sonnet LXXXIX

Dans la quiétude du battement de ton cœur
Tu m'accueils dans ton jardin plein de fleurs
Qui m'inclinent à ta respiration
Résonant en musique qui la raison
Me donne d'avoir vu en toi cette finesse ;
D'elle, j'eus rêvée ! En mon âge ? La jeunesse !
Elle m'assure des envols émotionnels
Et m'inspire cette confiance avec laquelle
J'arrive à braver le froid hivernal
Dans mon lit entendu matrimonial
Où en rond, avec ma moitié au lit
D'autrui, je tourne et tourne toutes les nuits.
J'entends le son de tes mots composés
Sur lesquels me fie-je d'une tête reposée.

Sonnet XC

Depuis trente ans, il m'assure tous les maux !
Tu as fait sortir de ta bouche des mots
Dont la douceur me stimule la bambine
Qui en moi crevait d'Amour d'origine
Me dit-on divine or tu es bien réel
Sans rien de semblable au trouve-trou cruel
Qui me fit parcourir des labyrinthes
Comme une folle à la recherche de l'absinthe.
Chez-toi, m'as-tu parlé de champignons
Comme mets que ramassent de chanceux champions
Et à moi de me voir championne chanceuse
Étant donné que tu me rendes heureuse
Et comme je ne peux parler en jouissant,
Jamais, ne puis-je te quitter mon roman !

Sonnet XCI

Chasseuse fus-je, croyant être armée
D'arc et flèche avec lequel dois-je tirer
Mais mon arc visant toujours à coté
Me fit me donner tous les blâmes du monde
Et me faisais-je des soucis qui m'inondent
À penser qu'il me fit tourner en rondes.
En élite, tirait-il toujours malin
Partout avec l'œil sur celles des voisins
Et pour nos enfants restai-je son pantin
Á cause qu'ils aient droit à un donateur
Qui, ayant tiré son coup, me fit peur
D'avoir payé pour n'avoir point du beurre.
Il m'a fallu traverser ce désert
Et l'à mon amour tu es mon dessert !

Sonnet XCII

Ce fut l'hivernage ! Le père laissa fuir
Cette huile qui aurait tanné leur beau cuir
Et heureux fut-il de les voir en réplique
Lui rappelant qu'il eut un droit civique
Vis-à-vis de moi, leur mère, aussi d'eux
Or serait-il heureux avec ses yeux
Qui se baladent et balaient les coins
Et les recoins pour découvrir les foins
Pour brouteur qu'il soit loin du vœu qu'il fit ;
Acte qui ne donne que l'envie de vomir.
Mais grâce à ta douce douceur je rayonne
Où sa badine me voulait à Bayonne
Où tant serais-je flétrie, espéra-t-il
Sans penser qu'au bout je t'aurais au fil !

Sonnet XCIII

Au père noël croyais-je et rêvais-je encore.
Le nez se pointa-t-il ; lui dis-je alors,
Cette petite pensée sur la piste de mon esprit
Affamé de voir ceux qui poussent un cri
De nous voir nouer ce nœud à ce jour
Crevant ce cœur qui jadis fit un tour
Pour lui accélérer les battements
Qu'il eut pour perdre la tête en amant
Or mon feu se cachait sous ta peau noire
À l'esprit doré méprisant la gloire
Mais soucieux de la joie qui me fait luire ;
Te pensant tout près mon Amour, je jouis
À l'idée qui me foudroie d'émotion !
Mon fleuron, pour mon cœur, es-tu l'onction !

Sonnet XCIV

J'avais rêvé de faire des beaux bébés.
Sans savoir qu'un jour je te ravirai.
Ces beaux BB j'en eus fait qu'en fut-il ?
Rêve bien plus réel que ce mari futile
Qui s'enveloppa d'embruns matinaux
De peur de se faire découvrir trop tôt
D'ailleurs s'évapora-t-il tête ailleurs
Pour n'éveiller que d'oreilles sans conteurs
Assoiffées de scintilles de belles paroles
Vaines près de ta fougue qui me rend folle ;
Certes des folles amours n'eussé-je point connu
Ainsi m'offre-je pour que tu aies repu ;
Seule monnaie pour rendre ta charité
Où la plupart enterre la parité.

Sonnet XCV

En vacance dans la Méditerranée
Me presse-je pour Paris où serais-je née
De nouveau là et tu m'attiseras
Ce feu qui naguère mon émoi dulcifia.
Ton rythme cardiaque fait danser le mien
À distance du foyer où ne sens-je rien.
Cœur qui vit bouge et pour toi je danse
Non pour ce brise-cœur œuvrant cette médisance
Que seule ta confiance la déconfiture
Au point que je côtoie la couverture
Respirant la fraicheur de ton souffle,
Toi, bel amour qui, jamais, ne ronfle.
Bien que loin à l'horizon je souris
Seule de t'avoir pour moi loin du pourri.

Sonnet XCVI

Je n'ose point t'imager en Amérique
De mes yeux fermés te bois-je à présent
Dans cette maison vitrée de mon cerveau
Où tu ne peux te cacher du regard
Dans lequel ça baigne au son de musique
Qui balaie tout contrit résurgent
Laquelle se joue au bas fond du caveau
Où je refuse de laisser au hasard
La main mise sur ton éclair nostalgique
Car en toi, trouve-je ma montagne d'aimant
Avec qui je me sens bien dans ma peau
Ayant enterré toute peur du renard.
Pour toi, j'élis domicile sous ma peau
Pour qu'avec Amour tu flotte ce drapeau.

Sonnet XCVII

J'aimerais qu'elle lise, la femme de mon mari,
Ces nourrissons de ma pensée qui rient
Aux éclats et me guident d'être ta femme
Pour jouir de ma place de première dame
Qui laboure ton cœur et t'assure du sens
Aussi te le transmets-je à haute fréquence
Car en moi, t'ai-je vu trembler de fièvre
Sans jamais me donner de couleuvres
Que me donnait souvent le roi de fourbe
Maintenant refuse-je de suivre sa courbe
Car devant moi tu apparais comme l'eau
De roche qui élève l'esprit vers le haut.
Tu n'es pas un mari ! Tu es Amour
En chair et en os ! Bats bien mon tambour !

Sonnet XCVIII

Quand fus-je venue te voler ce baiser
La peur m'assena des gifles gelées
Qui m'auraient tétanisée sans ton feu
Bien allumé quand nous fûmes seuls, à deux
Et ta mélodie me tira des pieds
Vers la salle de danse, mon nouveau quartier
Où je vis mon rêve en arbre aux fleurs,
Aux écorces, aux feuilles qui sur des tombes pleure
Et n'hésite point de valser au passage
De cette brise qui souffle comme toi le sage
Qui sait réchauffer les cœurs refroidis
Par la fourberie des maris dandy
À qui mon dos tourné dit au revoir
Et me dirige vers toi, mon abreuvoir !

Sonnet XCIX

Ma bouche ne pouvait chanter qu'une berceuse !
Cette petite chanson qui m'anime heureuse
A trottiné l'Avenue de mes champs
D'alizé m'apportant ce coup de vent
Que ne veux-je plus le quitter à jamais ;
Contre vents et marées cette brise de mer
Avec douceur soyeuse caresse ma chair
Sans me laisser celle de poule légendaire.
Ton arrivée ? Cette bouffée d'oxygène
M'a tout procuré excepté le gène.
Avec toi, je dors, dine et partage tout
Mon être sans perdre du temps du tout
Chez le mesquin qui m'entraine qu'à haïr
Près du jardin d'Amour à maintenir.

Sonnet C

Ta voix vient toujours broder mon sourire !
Elle seule m'enterre tout ce qui est soupire
Pour que je puisse me dresser la tête haute
Et goûter ta compagnie en bonne hôte
Qui reçoit bien son invité de marque
Que tu sois ! Pour mon royaume ? Un monarque !
Tu sus sacrifier ta couronne d'or
Et me l'as-tu fait pour plus que du sport ;
Et du tort ? Je ne t'en donnerais- point !
Personne d'autre que toi mon visage oint
À une huile tellement rare qui le fait luire
De jouissance et jouvence à reconduire.
Ainsi fait, faire rayonner les parages
Seule façon pour tous de chasser la rage.

Sonnet CI

D'Amour m'as-tu arrosée que je pousse
En cette fleur qui, en toute liberté, glousse
Et respire son bon don de la nature
Sans se donner le droit à la rature
Sur ton cœur si pur dont les battements
Rythme mon quotidien tout doucement
Que si devrais-je casser mon unique plume
J't'aurais fait cueillir les meilleurs agrumes,
Desquelles l'Autre prit pour en faire un jouet
Dont aucune femme ne doit point fait l'objet ;
Tes oreilles tu me les prêtes, mon être
Je te l'accord à cœur joie sans feindre
Qu'il y eût une fumée sans feu ou encore
Que l'arrosage dont je jouis fait du tort !